BEI GRIN MACHT SICH IHR WISSEN BEZAHLT

- Wir veröffentlichen Ihre Hausarbeit, Bachelor- und Masterarbeit

- Ihr eigenes eBook und Buch - weltweit in allen wichtigen Shops

- Verdienen Sie an jedem Verkauf

Jetzt bei www.GRIN.com hochladen
und kostenlos publizieren

Trainingsplanung mit Makro- und Mesozyklus für eine 23-jährige Person

Bibliografische Information der Deutschen Nationalbibliothek:

Die Deutsche Nationalbibliothek verzeichnet diese Publikation in der Deutschen Nationalbibliografie; detaillierte bibliografische Daten sind im Internet über http://dnb.d-nb.de abrufbar.

ISBN: 9783346721327
Dieses Buch ist auch als E-Book erhältlich.

Druck und Bindung: Books on Demand GmbH, Norderstedt Germany
Gedruckt auf säurefreiem Papier aus verantwortungsvollen Quellen

Das vorliegende Werk wurde sorgfältig erarbeitet. Dennoch übernehmen Autoren und Verlag für die Richtigkeit von Angaben, Hinweisen, Links und Ratschlägen sowie eventuelle Druckfehler keine Haftung.

Das Buch bei GRIN: https://www.grin.com/document/1266259

Inhaltsverzeichnis

1   DIAGNOSE 4

1.1   Allgemeine und biometrische Daten 4
   1.1.1   Allgemeine Daten 4
   1.1.2   Biometrische Daten 5

1.2   Krafttestung 6
   1.2.1   Begründung der Auswahl des Testverfahrens 6
   1.2.2   Beschreibung des detaillierten Testablaufs 6
   1.2.3   Testergebnisse 7
   1.2.4   Schlussfolgerung der Krafttestung 7

2   ZIELSETZUNG/PROGNOSE 8

2.1   Begründung der Ziele 8

3   TRAININGSPLANUNG MAKROZYKLUS 9

3.1   Begründung der Wahl der übergeordneten Trainingsmethode 10

3.2   Begründung der Belastungsparameter 10
   3.2.1   Begründung der Belastungshäufigkeit 10
   3.2.2   Begründung der Belastungsintensität 11
   3.2.3   Begründung der Belastungsdauer 12
   3.2.4   Begründung des Belastungsumfangs 12
   3.2.5   Begründung der Belastungsdichte 12

3.3   Begründung der Organisationsformen 13

3.4   Begründung der Periodisierung 13

4   TRAININGSPLANUNG MESOZYKLUS 13

4.1   Begründung der Übungsauswahl 14

5   LITERATURRECHERCHE 16

5.1   Studie 17

5.2   Studie 18

6   LITERATURVERZEICHNIS **19**

7   ABBILDUNGS- UND TABELLENVERZEICHNIS **21**

7.1 Abbildungsverzeichnis 21

7.2 Tabellenverzeichnis 21

1 Diagnose

Den Anfang einer erfolgreichen Trainingsplanung stellt die Anamnese dar. In dieser werden alle wichtigen Daten des Kunden erfragt, um die aktuelle Leistungsfähigkeit und den Gesundheitszustand der Person zu erfassen. Für den weiteren Verlauf der Planung ist es wichtig, die Daten zu kennen, um Risiken auszuschließen.

1.1 Allgemeine und biometrische Daten

1.1.1 Allgemeine Daten

Tabelle 1: Allgemeine Daten der Testperson

Parameter	Daten der Person
Alter	23 Jahre
Geschlecht	Männlich
Körpergröße	184 cm
Körpergewicht	79 kg
Trainingsmotive	- Muskelaufbau und Kraftsteigerung - Linderung der Rückenschmerzen im LWS-Bereich - Ausgleich zum Beruf
Berufliche Tätigkeit	- Überwiegend stehende Tätigkeit - Arbeitet im Lager von D.F. Liedelt GmbH (trägt viele schwere Pakete)
Aktuelle sportliche Aktivitäten	Spielt 2x die Woche Handball und möchte zusätzlich regelmäßig Krafttraining machen
Frühere sportliche Aktivitäten	Hat 3x wöchentlich Handball gespielt und war ab und zu mit seiner Mannschaft im Kraftraum → konnte bereits ein paar Erfahrungen an Geräten sammeln
Zeitlicher Verfügungsrahmen	2x die Woche, jeweils 90 Minuten

1.1.2 Biometrische Daten

Um die biometrischen Daten zu erfassen, wurden verschiedene Tests durchgeführt. Mit Hilfe der Tanita Waage konnten BMI, Körperfett, Körperwasser und Muskelmasse bestimmt werden. Alle Werte befinden sich in einem guten Bereich, können aber noch weiter gesteigert werden. Der Blutdruck wurde mit einer Blutdruckmanschette am linken Oberarm direkt nach dem Aufwachen gemessen. Die Werte liegen mit 129 zu 84 [mmHg] im Normbereich (siehe Tab. 3). Der allgemeine Gesundheitszustand der Testperson ist gut. Es gibt keine inneren Stoffwechselerkrankungen oder schwerwiegende Verletzungen. Der Kunde klagt jedoch über leichte Rückenschmerzen im LWS-Bereich, welche durch das Tragen der Pakete auf der Arbeit aufgetreten sind. In der Trainingsplanung muss darauf geachtet werden, die Muskeln im unteren Rücken zu stärken.

Tabelle 2: Biometrische Daten der Testperson

Parameter	Daten der Person
BMI	23,3 (Normwert 20-25)
Körperfettanteil	9,3 %
Körperwasseranteil	64,3 %
Muskelmasse	68,1 kg
Blutdruck	129 / 84 [mmHg] nach RR
Puls	80 Schläge pro Minute (Normwert 60-80 Schläge pro Minute)
Allgemeiner Gesundheitszustand	Leichte Rückenschmerzen im LWS-Bereich, ansonsten keine orthopädischen Beschwerden Keine internistischen Beschwerden Keine Einnahme von Medikamenten
Gesundheitliche Einschränkungen	/

Tabelle 3: Blutdruck-Normalwert-Tabelle laut WHO (eigene Darstellung)

	Systolisch [mmHg]	Diastolisch [mmHg]
Optimaler Blutdruck	< 120	<80
Normaler Blutdruck	120-129	80-84
Hoch-normaler Blutdruck	130-139	85-89
Milde Hypertonie (Stufe 1)	140-159	90-99
Mittlere Hypertonie (Stufe 2)	160-179	100-109
Schwere Hypertonie (Stufe 3)	>=180	>=110

1.2 Krafttestung

1.2.1 Begründung der Auswahl des Testverfahrens

Aufgrund des Leistungsstandes des Probanden wurde der Mehrwiederholungskrafttest, auch X-RM-Test, als Testverfahren ausgesucht. Der Proband hat schon einige Erfahrungen im Krafttraining gesammelt, aber noch nie regelmäßig einen Trainingsplan verfolgt. Ein Maximalkrafttest ist dementsprechend ungeeignet, weil der Proband nicht an hohe Belastungen gewöhnt ist. Das Problem beim 1-RM-Test besteht darin, dass eine gewisse Vorerfahrung notwendig ist, um überhaupt das Gewicht für nur eine Wiederholung herauszufinden. Anfänger sind meist überfordert, weil sie die Ausführungen an den Geräten noch nicht verinnerlicht haben und dann eine subjektiv hohe Last bewältigen sollen. Daraus resultiert zum einen ein gesundheitliches Risiko und zum anderen verlieren die Kunden schnell die Motivation, weil der Test zu schwer ist und sie das Gefühl haben, die Übungen falsch zu machen.

Auch die Einschätzung durch das subjektive Belastungsempfinden ist schwierig. Hier wird in den meisten Fällen ein zu leichtes Gewicht für das Training gewählt.

Folglich ist es am sinnvollsten, einen X-RM-Test durchzuführen. In diesem Test wird das maximale Gewicht für eine vorgegebene Wiederholungszahl bestimmt, mit der später trainiert wird. Der Kunde bekommt einen ersten Eindruck in den späteren Trainingsplan und kann sich bereits auf die Übungen und die exakten Wiederholungszahlen einstellen.

1.2.2 Beschreibung des detaillierten Testablaufs

Bevor mit dem eigentlichen Krafttest begonnen wird, muss sich der Kunde fünf bis zehn Minuten auf einem Ausdauergerät, wie zum Beispiel Crosstrainer oder Laufband, bei niedriger Intensität warm machen. Dies ist wichtig, um die Körperkerntemperatur zu erhöhen, das Herzkreislaufsystem zu mobilisieren und Verletzungen vorzubeugen. Zudem wird an jedem Gerät noch ein spezieller Aufwärmsatz mit wenig Gewicht absolviert, um die betroffenen Muskelgruppen und Gelenke zu aktivieren. Nach dem Aufwärmen beginnt die eigentliche Testphase. Der erste Mesozyklus beinhaltet ein Kraftausdauertraining mit 15 Wiederholungen pro Übung. Daraus ergibt sich das Ziel, im folgenden Krafttest 15 Wiederholungen mit dem maximalen Gewicht zu schaffen. Die Übungen werden in der gleichen Reihenfolge absolviert, wie diese im Trainingsplan stehen. Die festgelegte Time under Tension ist 2-0-2. Das bedeutet, dass ein Testsatz insgesamt 60 Sekunden umfasst und sowohl die exzentrische als auch die konzentrische Bewegung jeweils 2 Sekunden beträgt. Die Pause zwischen den Testsätzen ist 60 Sekunden lang. Das Gewicht für den 1. Testsatz wird von der Testperson und dem Trainer nach dem subjektiven Belastungsempfinden bestimmt. Wenn die 15 Wiederholungen geschafft werden, wird das Gewicht im zweiten Testsatz um 5%, 10% oder 25% (je nach Empfinden der Testperson) erhöht. Wird dieser Testsatz ebenfalls mit Leichtigkeit geschafft, gibt es noch einen dritten Testsatz. Sobald die Testperson die letzten zwei Wiederholungen in einem Satz nur noch gerade so ausführen kann, steht das maximale Gewicht fest.

1.2.3 Testergebnisse

Tabelle 4: Testergebnisse des 15-RM-Tests

Mehrwiederholungskrafttest (15-RM-Test)					
Testübung	WH	1.Testsatz	2.Testsatz	3.Testsatz	Ergebnis
Beinpresse horizontal sitzend	15	110 kg	120 kg	130kg	130 kg
Ausfallschritte mit Lift	15	48 kg	52 kg		52 kg
Brustpresse	15	55 kg (X)	50 kg		50 kg
Rudern am Pulley	15	50 kg			50 kg
Latzug	15	50 kg	55 kg	60 kg (X)	55 kg
Hyper Extension	15	20 kg			20 kg
Triceps	15	20 kg	22,5 kg		22,5 kg
Plank*	61				

*Funktionsgymnastische Übung

Für die Übung Unterarmstütz wurde der Kraftausdauertest nach Spring et al. (1997) angewendet. Männer in der Leistungsstufe 20 schaffen im Durchschnitt 60 Wiederholungen beim Plank. Die Testperson hat 61 Wiederholungen geschafft und liegt somit im Normbereich.

1.2.4 Schlussfolgerung der Krafttestung

Ein Krafttest gilt als Referenzgröße für die Berechnung der Trainingsintensitäten (Eifler,

2000). In diesem Fall ist es das Ziel, das optimale Trainingsgewicht für den ersten Meso-zyklus des Kunden zu ermitteln. Da die Testperson noch keinen Trainingsplan in regel-mäßigen Zeitabständen verfolgt hat, wird diese für den ersten Mesozyklus zunächst als Trainingsbeginner eingestuft. Das heißt, dass die Übungen nach der ILB-Methode mit einer Intensität von 50-70% des ILB-Tests bewältigt werden sollen. Nach erfolgreichem Absolvieren des Mesozyklus wird dann ein weiterer Mehrwiederholungskrafttest folgen, um die Gewichte an den derzeitigen Leistungsstand anzupassen und den Muskeln für den nächsten Zyklus wieder neue Reize zu geben. Außerdem bietet der Test die Möglichkeit, die Kraftsteigerung des Kunden zu messen, indem die Ergebnisse des ersten Tests mit den neuen verglichen werden. Daraufhin kann der Kunde seine persönlichen Fortschritte sehen und wird motiviert, diese immer weiter auszubauen.

2 Zielsetzung/Prognose

In der Anamnese hat der Kunde bestimmte Wünsche für sein Training geäußert. Daraus wurden feste Ziele formuliert, die in einem bestimmten Zeitraum verwirklicht werden sollen. Für den Kunden ist es bedeutend, mehr Muskeln aufzubauen, seine Kraft zu stei-gern und die Rückenschmerzen im LWS-Bereich zu lindern.

Tabelle 5: Ziele des Kunden

Inhalt	Ausmaß	Zeit
Kraftsteigerung	Steigerung des Gewichtes im ILB-Test um 10%	8 Wochen
Muskelaufbau	Erhöhung der berechneten Muskelmasse um 500g	8 Wochen
Rückenschmerzen lindern	Aktuell auf einer Skala von 1-10 bei 4 Ziel: 2	8 Wochen

2.1 Begründung der Ziele

Das erste Ziel des Kunden besteht darin, seine Kraft zu steigern. Für den Beruf im Lager ist es ausschlaggebend, dass der Kunde fit ist und ordentlich anpacken kann. Der ILB-

Test ist hierfür eine gute Grundlage, um die Fortschritte der Kraftsteigerung aufzuzeigen. Es ist realistisch, in 8 Wochen das Gewicht im ILB-Test um 10% zu erhöhen.

Zweitens möchte der Kunde mehr Muskelmasse aufbauen. Zum einen für den ästhetischen Effekt und zum anderen um sein passives Bewegungssystem zu entlasten. Durch den Muskelaufbau wird das passive Bewegungssystem gestützt und die Abnutzung dieser Strukturen verringert. Dadurch gibt es auch ein geringeres Verletzungsrisiko, was für den Kunden auf der Arbeit beim Tragen der Pakete vorteilhaft ist. In dem Zeitraum von 8 Wochen ist es realistisch, die Muskelmasse um 500g zu erhöhen.

Das dritte Ziel beinhaltet, die Rückenschmerzen im LWS-Bereich zu lindern. Es ist davon auszugehen, dass die Rumpfmuskulatur des Kunden abgeschwächt ist. Deswegen treten beim Bewältigen schwerer Lasten Schmerzen auf. Der Trainingsplan wird darauf ausgerichtet, die Rumpfmuskulatur sowie speziell die Muskulatur im unteren Rücken mit geeigneten Geräten zu stärken. Aktuell befindet sich der Schmerz auf einer Skala von 1-10 bei 4. In den nächsten 8 Wochen soll dieser verbessert werden und auf der Skala nur noch bei 2 sein.

3 Trainingsplanung Makrozyklus

Ein Makrozyklus besteht aus mehreren Mesozyklen und dauert im Fitnesssport meist 6 Monate an. Ziel ist die Herausbildung der komplexen sportlichen Leistungsfähigkeit auf ständig höherem Niveau (Schnabel et al., 1997, S. 323).

Tabelle 6: Makrozyklusdarstellung

Makrozyklus			
	Mesozyklus I	Mesozyklus II	Mesozyklus III	Mesozyklus IV
Zyklusdauer	8 Wochen	6 Wochen	6 Wochen	6 Wochen
Spezifisches Trainingsziel	Kraftausdauer-training	Muskelaufbau-training	Muskelaufbau-training	Maximalkraft-training
Organisations-form	Ganzkörper Station	Ganzkörper Station	Ganzkörper Station	Ganzkörper Station
Häufigkeit/ Woche	2	2	2	2

Übungen/Muskelgruppe	1-2	1-2	1-2	1-2
Sätze/Übung	2	2	2	2
Intensität	50–70% ILB	60–80% ILB	60-80% ILB	60-80% ILB
Satzpausen	60 Sekunden	90 Sekunden	120 Sekunden	180 Sekunden
Wiederholungen	15	12	8	5
Bewegungstempo	2-0-2	2-0-2	2-0-2	2-0-2

Vor jedem Mesozyklus erfolgt ein Mehrwiederholungskrafttest, um die Gewichte an den aktuellen Stand anzupassen.

3.1 Begründung der Wahl der übergeordneten Trainingsmethode

Die Individuelle-Leistungsbild-Methode eignet sich gut für den Kunden, da zunächst mit geringeren Intensitäten trainiert wird. Der Kunde kann sich in diesem Einstiegszyklus besonders auf die Ausführungen konzentrieren, bevor im nächsten Schritt die Belastung erhöht wird. Auf diesem Weg kann es nicht zu einer Überbelastung oder schwerwiegenden Fehlern kommen. Nach jedem Mesozyklus wird ein neuer ILB-Test durchgeführt, wodurch die Belastung neu angepasst wird und eine ständige Leistungssteigerung garantiert ist. Es wird mit einem Kraftausdauertraining angefangen, bei dem mit 15 Wiederholungen trainiert wird. Danach werden die Wiederholungen gesenkt und die Intensität erhöht, um neue Trainingsreize zu setzen. Im darauffolgenden Muskelaufbautraining wird mit 12 Wiederholungen gestartet und nach 6 Wochen auf 8 Wiederholungen reduziert. In diesen Zyklen kann sich der Kunde besonders, auf den gewünschten Muskelaufbau konzentrieren. Anschließend wird im Maximalkrafttraining nur noch mit 5 Wiederholungen gearbeitet. Diese Wiederholungen sind an die Vorgaben für die Wiederholungszahl pro Serie (Kraftausdauertraining 15-30, Hypertrophietraining 8-15, Maximalkrafttraining 5-8 Wiederholungen) angelehnt (Hoeger et al., 1990).

3.2 Begründung der Belastungsparameter

3.2.1 Begründung der Belastungshäufigkeit

Der Kunde hat anfangs in der Anamnese erwähnt, dass er für das Krafttraining zweimal die Woche Zeit hat. Da dies sein erster Trainingsplan ist, wird er zunächst als Trainingsbeginner eingestuft. Gerade am Anfang sind noch nicht so viele Trainingseinheiten notwendig, um Anpassungen und Kraftsteigerungen zu erzielen. Wirth, Aatzor und Schmidtbleicher (2007) konnten in ihrer Studie erkennen, dass bei einem Trainingsbeginner schon eine Trainingseinheit in der Woche signifikante Muskelmassezuwächse hervorrufen kann. Eine zweite Einheit erzielt noch bessere Ergebnisse. Zudem konnten Fröhlich und Schmidtbleicher (2008) belegen, dass zwei, drei oder vier Einheiten in der Woche größere Steigerungen der Maximalkraft herbeiführen als lediglich eine oder fünf und sechs Einheiten pro Woche. Zwischen den zwei, drei und vier Einheiten pro Woche kommt es nur zu geringen Effektunterschieden. Daraus lässt sich schließen, dass zwei Einheiten pro Woche ein guter Start sind. Einen weiteren Aspekt belegt das Modell der Superkompensation. Dies besagt, dass nach dem Training die Ermüdung des Körpers eintritt und dieser anschließend Zeit braucht, um sich zu regenerieren. Wurde ein überschwelliger Reiz gesetzt, führt dieser zu Adaptionen und die Leistungsfähigkeit wird erhöht. Wenn jedoch zu schnell ein neuer Trainingsreiz erfolgt, kann dies Leistungsrückschläge oder Verletzungen zur Folge haben.

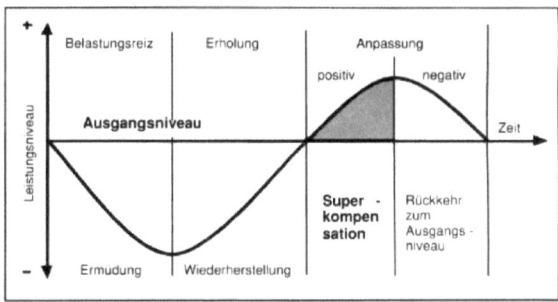

Abbildung 1: Verlauf der Belastungs- und Anpassungsphase nach Blum/Friedmann, 1990

3.2.2 Begründung der Belastungsintensität

Güllich und Schmidtbleicher (1999) sagen, dass Trainingsintensitäten mindestens 50% der individuellen Maximalkraft entsprechen müssen, um Effekte in Muskelaufbauprozessen zu erzeugen. Des Weiteren stellte Buskies (1999) fest, dass auch durch ein sanftes Krafttraining signifikante Kraftsteigerungen und Veränderungen der Körperkompositionen erzielt werden können und es nicht zu übermäßig hohen kardiovaskulären Belastungen kommt. Aufgrund dessen und der Gegebenheit, dass der Kunde erst mit dem regelmäßigen Krafttraining beginnt, startet er mit einer Intensität von 50-70% des ILB-Tests. In den folgenden Mesozyklen wird die Intensität auf 60-80% gesteigert, da der Kunde aufgrund seiner Erfahrungen nicht mehr als Anfänger, sondern als Geübter eingestuft wird.

3.2.3 Begründung der Belastungsdauer

Zu Beginn fängt der Kunde mit 60 Sekunden Belastung pro Satz an. Im Muskelaufbau-training wird die Zeit dann auf 48 Sekunden und im dritten Mesozyklus auf 32 Sekunden reduziert. Fröhlich, Schmidtbleicher und Emrich (2002b) empfehlen für ein Kraftausdau-ertraining 50-120 Sekunden, für ein Hypertrophietraining 20-50 Sekunden und für ein Maximalkrafttraining <15 Sekunden Belastung. Der einzige Wert, der leicht über den Richtzeiten liegt, ist der für das Maximalkrafttraining. Dieses wird mit 5 Wiederholungen 20 Sekunden pro Satz umfassen. Trotz der höheren Wiederholungszahlen bei der ILB-Methode im Maximalkrafttraining wurden Kraftsteigerungen dokumentiert (Pette, 1999).

3.2.4 Begründung des Belastungsumfangs

Die optimale Anzahl der Sätze im Krafttraining ist bis heute nicht empirisch belegt wor-den. Es gibt sowohl Studien, die eine Überlegenheit des Mehrsatztrainings in Bezug auf die Kraftentwicklung nachweisen (Buskies & Boeck-Behrens, 2009), als auch Studien, die beim Einsatz-Training mit hohen Intensitäten ähnliche Effekte aufzeigen (Heiduk et al., 2002). Da der Kunde anfangs noch mit geringeren Intensitäten trainieren soll, um die Bewegungen erstmal im Gedächtnis zu verankern und sauber auszuführen, startet er mit einem Mehrsatztraining. Zudem soll er 1-2 Übungen pro Muskelgruppe absolvieren. Auf diese Weise kann er seine Ziele sehr gut verfolgen.

3.2.5 Begründung der Belastungsdichte

Zu Beginn des Trainings bei Untrainierten konnten Buresh, Berg und French (2008) fest-stellen, dass durch kürzere Satzpausen stärkere akute hormonelle Reaktionen ausgelöst werden, die positive Einflussfaktoren bei Muskelaufbauprozessen bewirken. Darüber hin-aus empfehlen Güllich und Schmidtbleicher (1999) Satzpausen von 30-60 Sekunden beim Kraftausdauertraining. Die vorgeschriebenen 60 Sekunden Satzpause im ersten Mesozyk-lus des Kunden passen zu diesen Ergebnissen. Sobald die Intensität in den nächsten Zyk-len gesteigert wird, wird die Satzpause auf 90, 120 und schließlich 180 Sekunden erhöht, um dem Körper mehr Zeit zu geben, die Leistungsfähigkeit wiederherzustellen.

3.3 Begründung der Organisationsform

Da der Kunde lediglich zweimal die Woche trainieren möchte, empfiehlt sich ein Ganz-körpertraining, in dem alle Hauptmuskelgruppen vorkommen. Nach einem intensiven Training bleibt die Proteinsynthese für ca. 36-48 Stunden erhöht und nach den 48 Stunden wird das Normalniveau anaboler Prozesse wieder erreicht (Mac Dougall et al., 1995). Folglich sollen mindestens zwei trainingswirksame Reize in der Woche gesetzt werden und das kann in diesem Fall nur mit einem Ganzkörpertraining abgedeckt werden. Zudem soll das Training als Stationstraining erfolgen. Dies hat den Vorteil, dass sich der Trai-nierende komplett auf eine Übung konzentrieren kann, bevor er zur nächsten wechselt. Die Muskeln werden dabei stärker ermüdet, was für den Muskelaufbauprozess sinnvoll ist. Generell ist das Stationstraining für gezielte Verbesserungen der Maximalkraft, Kraft-ausdauer oder des Muskelaufbaus einzelner Muskelgruppen besser geeignet.

3.4 Begründung der Periodisierung

Unsere Muskulatur braucht ständig neue Reize. Ein Muskel stellt sich bereits nach weni-gen Trainingseinheiten auf eine Belastung ein und passt sich dann nicht mehr so stark an den Trainingsreiz an (Weineck, 2004). Die klassische lineare Periodisierung hilft, den Trainingsfortschritt durch einen regelmäßigen Phasenwechsel aufrecht zu erhalten. Hier-bei werden die Intensitäten gesteigert, während die Wiederholungszahlen gleichzeitig ab-nehmen. Die ersten 8 Wochen beginnen mit einem umfangorientierten Krafttraining, um den Kunden an die Übungen und Intensitäten zu gewöhnen. Danach geht das Training in ein intensitätsorientiertes Krafttraining mit dem Schwerpunkt auf dem Muskelaufbau und Maximalkraftsteigerung über. Die Intention hinter diesem Aufbau ist die Verwirklichung der Ziele des Kunden durch einen abwechslungsreichen und motivierenden Trainings-plan.

4 Trainingsplanung Mesozyklus

Tabelle 7: Mesozyklus 1

Mesozyklus 1			
Mikrozyklus 1+2	Mikrozyklus 3+4	Mikrozyklus 5+6	Mikrozyklus 7+8

Zyklusdauer	2 Wochen	2 Wochen	2 Wochen	2 Wochen
Spezifisches Trainingsziel	Kraftausdauer-training	Kraftausdauer-training	Kraftausdauer-training	Kraftausdauer-training
Organisations-form	Ganzkörper Station	Ganzkörper Station	Ganzkörper Station	Ganzkörper Station
Häufigkeit/ Woche	2	2	2	2
Übungen/ Muskelgruppe	1-2	1-2	1-2	1-2
Sätze/ Übung	2	2	2	2
Intensität	50% ILB	60% ILB	65% ILB	70% ILB
Satzpausen	60 Sekunden	60 Sekunden	60 Sekunden	60 Sekunden
Wiederholungen	15	15	15	15
Bewegungs-tempo	2-0-2	2-0-2	2-0-2	2-0-2

4.1 Begründung der Übungsauswahl

Tabelle 8: Trainingsplan mit Übungen

Übungen	WH	Sätze	Satzpausen
Aufwärmen am Crosstrainer	10 Minuten	/	/
Beinpresse horizon-tal sitzend*	15	2	60 Sekunden
Ausfallschritte am Human sport pull/lift	15	2	60 Sekunden
Brustpresse*	15	2	60 Sekunden
Rudern am Pulley*	15	2	60 Sekunden
Latzug am Seilzug*	15	2	60 Sekunden
Hyper Extension*	15	2	60 Sekunden
Tricepsdrücken am Seilzugturm*	15	2	60 Sekunden
Plank	45 Sekunden halten	2	60 Sekunden

*Gerät von Technogym

Die aufgelisteten Übungen im Trainingsplan dienen als Einstieg in das Krafttraining. Es werden alle großen Muskelgruppen trainiert, um die Ziele Kraftsteigerung und Muskelaufbau zu erfüllen. Ein besonderer Schwerpunkt liegt zudem auf Übungen, die die Muskulatur im unteren Rücken stärken, weil der Kunde leichte Schmerzen im LWS-Bereich hat. Die meisten Übungen finden an Geräten statt. Dies ermöglicht einen einfachen Start in das Training, weil dort grundsätzlich weniger Fehler gemacht werden und das Verletzungsrisiko geringer ist. Ein paar freie Übungen sind trotzdem schon mit dabei, um den Kunden auf komplexere Übungen vorzubereiten. Ziel ist es, nach Beendigung dieses Zyklus auf einen Trainingsplan mit freieren Übungen umzustellen. Denn bei einem Krafttraining mit freien Gewichten arbeitet grundsätzlich mehr Muskelmasse und die metabolischen Effekte sind höher als bei einem reinen Maschinentraining (Haff, 2000). Außerdem ist das Training mit freien Gewichten im Hinblick auf die Kraftsteigerung überlegen (Stone, Collins, Plisk, Haff & Stone, 2000) und die Muskulatur braucht immer wieder neue Reize, wenn langfristig Anpassungen erfolgen sollen.

Der Trainingsplan enthält eingelenkige und mehrgelenkige Übungen. Mehrgelenkige Übungen sind generell alltagsnaher und tragen zur Entlastung der passiven Strukturen bei. Eingelenkige Übungen sind hingegen für den Anfang einfacher ausführbar und es treten weniger Fehler auf. Aus diesem Grund dominieren eingelenkige Übungen im ersten Trainingsplan. Um eine Vorermüdung von Synergisten zu verhindern, werden mehrgelenkige Übungen vor eingelenkigen Übungen trainiert (Bompa & Carrera, 2005, S. 69).

Die erste Übung ist die Beinpresse, welche in erster Linie die vordere Oberschenkelmuskulatur (M. quadriceps femoris, M. sartorius, M. tensor fasciae latae) beansprucht. Sekundärmuskeln sind der M. glutaeus maximus und die ischiocrurale Muskulatur.

Ausfallschritte am Seilzug sind ebenfalls für die Beinmuskulatur. Hierfür wird die vordere sowie die hintere Oberschenkelmuskulatur und die Gesäßmuskulatur benötigt. Die Übung ist bereits koordinativ etwas schwieriger und es wird nicht nur die intramuskuläre sondern auch die intermuskuläre Koordination angesprochen. Dies ist gut zur Vorbereitung auf Kniebeugen mit der Langhantel.

Sowohl die Beinpresse als auch Ausfallschritte stärken den M. glutaeus maximus, welcher in die Fascia thoracolumbalis zieht und den unteren Rücken stützt. Eine gut ausgebaute Gesäßmuskulatur hilft dementsprechend, die Schmerzen im unteren Rücken zu lindern.

Die nächste Übung ist die Brustpresse, welche für die Brustmuskulatur ist. Die beanspruchten Muskeln sind der M. pectoralis major sowie die Synergisten M. triceps brachii und der M. deltoideus pars clavicularis. Es ist wichtig, die Brust und den Rücken zu stärken, damit keine Dysbalancen entstehen. Zudem kommt die Druckübung vor den Zugübungen, da wir im Alltag dazu neigen, eher nach vorne gebeugt zu sein.

Die folgenden drei Übungen sind für die Stärkung der Rückenmuskulatur. Beim Rudern am Kabelzug wird der M. latissimus, der M. trapezius, der M. deltoideus pars spinalis sowie sekundär der M. biceps brachii trainiert. Rudern verhilft besonders zu einer aufrechteren Haltung.

Beim Latzug wird der M. latissimus dorsi, M. teres major, M. trapezius pars ascendens, M. rhomboideus major et minor und der M. biceps brachii gestärkt. Diese Übung ist für das sogenannte „V" im Rücken verantwortlich, was bei Männern im Muskelaufbau erwünscht ist.

Hyper Extension ist für den M. quadratus lumborum, den M. glutaeus maximus und die ischiocrurale Muskulatur. Durch die Verlängerung des Lastarms (Ausstrecken der Arme nach vorne) wird die Übung anspruchsvoller. Mit dieser Übung baut der Kunde die Muskulatur auf, die hilft, seine Rückenprobleme zu beseitigen.

Beim Tricepsdrücken arbeitet der M. triceps brachii. Diese Übung wird am Seilzug ausgeführt. Der Vorteil bei Übungen am Seilzug ist, dass die Wirkungsrichtung der Gewichtslast aufgrund eines Umlenksystems variierbar ist (Weber & Hellhake, 2004, S.4). Der Triceps ist für die Struktur im Oberarm zuständig.

Zuletzt soll eine Plank gehalten werden. Dies ist eine funktionsgymnastische Übung, die vor allem die Bauchmuskulatur sowie die Rumpfspannung trainiert. Eine gut ausgebildete Rumpfmuskulatur gilt als Basis für eine starke Extremitätenmuskulatur und sollte immer trainiert werden (Bompa & Carrera, 2005, S. 47 f.). Für freie Übungen, wie Kniebeugen oder Kreuzheben, ist die Rumpfspannung sehr wichtig. Zudem wirkt eine gut ausgeprägte Rumpfmuskulatur den Rückenschmerzen des Kunden entgegen.

Insgesamt wurde darauf geachtet, dass alle großen Muskelgruppen in den Trainingsplan integriert sind, um den Körper ausgewogen zu trainieren und keine Dysbalancen hervorzurufen.

5 Literaturrecherche

Die folgenden Studien beziehen sich auf das Thema Krafttraining bei Diabetes mellitus Typ 2.

5.1 Studie

Tabelle 9: Studie „Effect of an Intensive Lifestyle Intervention on Glycemic Control in Patients With Type 2 Diabetes: A Randomized Clinical Trial" von Ried-Larsen, M. et al.

Wer hat die Studie durchgeführt?	Ried-Larsen, M. et al.
In welchem Jahr wurde die Studie publiziert?	2017
Welche Forschungsfrage wurde untersucht?	Kann eine Lebensstil-Intervention eine Blutzuckerkontrolle bewirken, die mit der Standardpflege bei Patienten mit Diabetes mellitus Typ 2 vergleichbar ist? Können Patienten dadurch die Einnahme von Medikamenten reduzieren?
Mit welchen Versuchspersonen wurde die Studie durchgeführt?	Die Studie wurde mit 98 Probanden, deren Diabetesdiagnose höchstens 10 Jahre zurücklag durchgeführt. Zudem mussten diese einen BMI zwischen 25-40 haben und durften höchstens zwei Blutzuckersenkende Medikamente nehmen. In der Lifestylegruppe waren 64 und in der Kontrollgruppe 34 Teilnehmer.
Wie sah der Versuchsaufbau der Studie aus?	Das Training der Probanden beinhaltete 30-60 Minuten Aerobic-Training an fünf bis sechs Tagen der Woche, wovon zwei bis drei Trainingseinheiten zusätzlich mit einem Krafttraining verbunden wurden. Zudem bekamen die Teilnehmer Diätpläne. Sie durften 45-60% Kohlenhydrate, 15-20% Proteine und 20-35% Fette (davon weniger als 7% gesättigte Fettsäuren) zu sich nehmen. Die ersten vier Monate wurde die Kalorienzufuhr beschränkt. Danach sollten sich die Probanden mehr und mehr selbst um ihre Ernährung kümmern. Die Studie ging insgesamt 12 Monate.
Welche relevanten Ergebnisse und Schlussfolgerungen lieferte die Studie?	Nach einem Jahr hat sich der HbA_{1c}-Wert der Probanden in der Lifestylegruppe von 6,65% auf 6,34% verringert. 73,5% der Teilnehmer konnte die Dosis ihrer Medikamente senken. In der Vergleichsgruppe verringerte sich der Wert von 6,74% auf 6,66% und nur 26,4% der Probanden konnte die Dosis ihrer Medikamente senken. Somit betrug der Unterschied beider Gruppen 47,1%.

5.2 Studie

Tabelle 10: Studie „Effects of Aerobic and Resistance Training on Hemoglobin A_{1c} Levels in Patients With Type 2 Diabetes: A Randomized Controlled Trial" von Church, T. et al.

Wer hat die Studie durchgeführt?	Church, T. et al.
In welchem Jahr wurde die Studie publiziert?	2010
Welche Forschungsfrage wurde untersucht?	Welche Unterschiede weisen Aerobic oder Krafttraining oder beide Trainingsarten kombiniert bei Patienten mit Diabetes Typ 2 auf?
Mit welchen Versuchspersonen wurde die Studie durchgeführt?	Die Studie wurde mit 262 Probanden (30-75 Jahre alt) durchgeführt, die mit Diabetes Typ 2 diagnostiziert waren und ein HbA_{1c}-Wert von 6,5%-11% hatten. Die Kontrollgruppe bestand aus 41, die reine Krafttrainingsgruppe aus 73, die reine Aerobicgruppe aus 72 und die Kombinationsgruppe aus 76 Probanden.
Wie sah der Versuchsaufbau der Studie aus?	Die Studie lief insgesamt für 9 Monate. Die Kontrollgruppe hat in dieser Zeit nicht trainiert, aber die Probanden sollten ihren Alltag ganz normal weiterführen. Die anderen drei Gruppen hatten 150 Minuten Training pro Woche. In der Krafttrainingsgruppe war das auf jeweils drei Krafteinheiten aufgeteilt. Die Aerobicgruppe hat mit 12kcal/kg trainiert und die Kombinationsgruppe hatte wöchentlich zwei Krafteinheiten und Aerobic mit 10kcal/kg.
Welche relevanten Ergebnisse und Schlussfolgerungen lieferte die Studie?	Die Kombinationsgruppe konnte den HbA_{1c}-Wert um 0,34% verringern, den maximalen Sauerstoffverbrauch optimieren und 1,7kg Fettmasse verlieren. Zudem konnten alle trainierenden Gruppen einen geringeren Taillenumfang von 1,9 – 2,8cm vorweisen. Insgesamt wurde festgestellt, dass unter den Patienten mit Diabetes mellitus Typ 2 nur die Kombinationsgruppe im Vergleich zur Kontrollgruppe den HbA_{1c}-Wert verbessern konnte. Die anderen beiden Gruppen konnten keine großen Unterschiede im Vergleich zur Kontrollgruppe aufweisen können.

6 Literaturverzeichnis

Bompa, T. O. & Carrera, M. C. (2005). Periodization training for sports. Science-based strength and conditioning plans for 20 sports (2. ed.). Champaign, IL: Human Kinetics. Borg, G. (1998).

Buresh, R., Berg, K. & French, J. (2008). The effect of resistive exercise rest interval on hormonal response, strength, and hypertrophy with training. Journal of Strength and Conditioning Research, 23 (1), 62–71.

Buskies, W. (1999). Sanftes Krafttraining nach dem subjektiven Belastungsempfinden versus Training bis zur muskulären Ausbelastung. Deutsche Zeitschrift für Sportmedizin, 50 (10), 316–320.

Buskies, W. & Boeckh-Behrens, W.-U. (2009). Fitness-Gesundheits-Training. Die besten Übungen und Programme für das ganze Leben (Bd. 61084). Reinbek bei Hamburg: Rowohlt.

Church, T. et al. (2010). Effects of Aerobic and Resistance Training on Hemoglobin A_{1c} Levels in Patients With Type 2 Diabetes: A Randomized Controlled Trial. Journal oft he American Medical Association, 304 (20), 2253-2262.

Eifler, C. (2000). Krafttraining nach der ILB-Methode – Eine empirische Überprüfung der Trainingseffekte bei Anfängern und Fortgeschrittenen. Unveröffentlichte Diplomarbeit. Universität des Saarlandes, Saarbrücken.

Fröhlich, M. & Schmidtbleicher, D. (2008). Trainingshäufigkeit im Krafttraining – ein metaanalytischer Zugang. Deutsche Zeitschrift für Sportmedizin, 59 (2), 4–12.

Fröhlich, M., Schmidtbleicher, D. & Emrich, E. (2002b). Intensität und Wiederholungszahl als Steuerungsparameter im Krafttraining – State of the art. Zeitschrift für Physiotherapeuten, 54 (5), 745–750.

Güllich, A. & Schmidtbleicher, D. (1999). Struktur der Kraftfähigkeiten und ihrer Trainingsmethoden. Deutsche Zeitschrift für Sportmedizin, 50 (7/8), 223–234.

Haff, G. G. (2000). Roundtable discussion: machines versus free weights. Strength and Conditioning Journal, 22 (6), 18–30.

Heiduk, R., Preuss, P. & Steinhöfer, D. (2002). Die optimale Satzzahl im Krafttraining: Einsatz- versus Mehrsatz-Training. Leistungssport, 32 (4), 4–13.

Hoeger, W. W., Hopkins, D. R., Barette, S. L. & Hale, D. F. (1990). Relationship between repetitions and selected percentages of one repetition maximum: A comparison between untrained and trained males and females. Journal of Applied Sport Science Research, 4 (2), 47–54.

Mac Dougall, J. D., Gibala, M. J., Tarnopolsky, M. A., Mac Donald, J. R., Interisano, S. A. & Yarasheki, K. E. (1995). The time course for elevated muscle protein synthesis following heavy resistance exercise. Canadian Journal of Applied Physiology, 20 (4), 480–486.

Pette, D. (1999). Das adaptive Potential des Skelettmuskels. Deutsche Zeitschrift für Sportmedizin, 50 (9), 262–271.

Ried-Larsen, M. et al. (2017). Effect of an Intensive Lifestyle Intervention on Glycemic Control in Patients With Type 2 Diabetes: A Randomized Clinical Trial. Journal of the American Medical Association, 318 (7), 637-646.

Schnabel, G., Harre, D. & Barde, A. (Hrsg.). (1997). Trainingswissenschaft. Leistung - Training - Wettkampf. Die Studienausgabe: SVB Sportverlag Berlin GmbH.

Spring, H., Dvorak, V., Schneider, W., Trischler, T. & Villinger, B. (1997). Theorie und Praxis der Trainingstherapie. Stuttgart: Thieme.

Stone, M. H., Collins, D., Plisk, S., Haff, G. G. & Stone, M. E. (2000). Training principles: evaluation of modes and methods of resistance training. Strength and Conditioning Journal, 22 (3), 65–76.

Weber, R. & Hellhake, S. (2004). Seilzuggeräte optimal nutzen. Bad Krozingen: Frei AG.

Weineck, J. (2004). Optimales Training: Leistungsphysiologische Trainingslehre unter besonderer Berücksichtigung des Kinder-und Jugendtrainings (14th ed.). Erlangen: Spitta Verlag GmbH & Co. KG.

Wirth, K., Aatzor, K. R. & Schmidtbleicher, D. (2007). Veränderungen der Muskelmasse in Abhängigkeit von Trainingshäufigkeit und Leistungsniveau. Deutsche Zeitschrift für Sportmedizin, 58 (6), 178–183.

7 Abbildungs- und Tabellenverzeichnis

7.1 Abbildungsverzeichnis

Abb. 1: Verlauf der Belastungs- und Anpassungsphase nach Blum/Friedmann, 1990.. 11

7.2 Tabellenverzeichnis

Tab. 1: Allgemeine Daten der Testperson...4

Tab. 2: Biometrische Daten der Testperson..5

Tab. 3: Blutdruck-Normalwert-Tabelle laut WHO (eigene Darstellung)....................5

Tab. 4: Testergebnisse des 15-RM-Tests...7

Tab. 5: Ziele des Kunden.. 8

Tab. 6: Makrozyklusdarstellung..9

Tab. 7: Mesozyklus 1... 13

Tab. 8: Trainingsplan mit Übungen... 14

Tab. 9: Studie „Effect of an Intensive Lifestyle Intervention on Glycemic Control in Patients With Type 2 Diabetes: A Randomized Clinical Trial" von Ried-Larsen, M. et al. 17

Tab. 10: Studie „Effects of Aerobic and Resistance Training on Hemoglobin A_{1c} Levels in Patients With Type 2 Diabetes: A Randomized Controlled Trial" von Church, T. et al. 18

BEI GRIN MACHT SICH IHR WISSEN BEZAHLT